AF144161

BEI GRIN MACHT SICH IHR WISSEN BEZAHLT

- Wir veröffentlichen Ihre Hausarbeit, Bachelor- und Masterarbeit

- Ihr eigenes eBook und Buch - weltweit in allen wichtigen Shops

- Verdienen Sie an jedem Verkauf

Jetzt bei www.GRIN.com hochladen und kostenlos publizieren

Julia Diedrich

Spezielle Probleme im Jugendalter - Psychische Störungen

GRIN Verlag

Bibliografische Information der Deutschen Nationalbibliothek:

Die Deutsche Bibliothek verzeichnet diese Publikation in der Deutschen National-
bibliografie; detaillierte bibliografische Daten sind im Internet über http://dnb.d-
nb.de/ abrufbar.

Dieses Werk sowie alle darin enthaltenen einzelnen Beiträge und Abbildungen
sind urheberrechtlich geschützt. Jede Verwertung, die nicht ausdrücklich vom
Urheberrechtsschutz zugelassen ist, bedarf der vorherigen Zustimmung des Verla-
ges. Das gilt insbesondere für Vervielfältigungen, Bearbeitungen, Übersetzungen,
Mikroverfilmungen, Auswertungen durch Datenbanken und für die Einspeicherung
und Verarbeitung in elektronische Systeme. Alle Rechte, auch die des auszugsweisen
Nachdrucks, der fotomechanischen Wiedergabe (einschließlich Mikrokopie) sowie
der Auswertung durch Datenbanken oder ähnliche Einrichtungen, vorbehalten.

Impressum:

Copyright © 2007 GRIN Verlag GmbH
Druck und Bindung: Books on Demand GmbH, Norderstedt Germany
ISBN: 978-3-656-13491-6

Dieses Buch bei GRIN:

http://www.grin.com/de/e-book/189296/spezielle-probleme-im-jugendalter-psychi-
sche-stoerungen

GRIN - Your knowledge has value

Der GRIN Verlag publiziert seit 1998 wissenschaftliche Arbeiten von Studenten, Hochschullehrern und anderen Akademikern als eBook und gedrucktes Buch. Die Verlagswebsite www.grin.com ist die ideale Plattform zur Veröffentlichung von Hausarbeiten, Abschlussarbeiten, wissenschaftlichen Aufsätzen, Dissertationen und Fachbüchern.

Besuchen Sie uns im Internet:

http://www.grin.com/

http://www.facebook.com/grincom

http://www.twitter.com/grin_com

Ernst – Moritz – Arndt – Universität Greifswald

Institut für Erziehungswissenschaft

Lehrstuhl Allgemeine Pädagogik (Systematische/ Historische/ Vergleichende Pädagogik)

Entwicklung, Sozialisation und Gesundheit im Schulalter

WS 2006/ 2007

Spezielle Probleme im Jugendalter: Psychische Störungen

von:

Julia Diedrich

Englisch / Deutsch Lehramt

5. Semester

Inhaltsverzeichnis:

1. Einleitung

Die folgende Referatsverschriftlichung wurde angefertigt für das Seminar „Entwicklung, Sozialisation und Gesundheit im Schulalter". Es behandelt das Thema „Spezielle Probleme im Jugendalter: Psychische Störungen".

Den Ablauf des mündlichen Referates habe ich beibehalten. Somit erfolgt zunächst eine kleine Hinleitung zum Thema, gefolgt von einer Definition psychischer Störungen. Dann gebe ich einen Überblick über die Ursachen und die „altersspezifische Manifestation" psychischer Störungen. Im Weiteren werde ich Angststörungen, Suizidalität, depressive Störungen und Dissozialität als ausgewählte psychische Störungen näher erklären, bevor ich eine Zusammenfassung im Schlussteil gebe.

Meine verwendete Literatur sind zwei Werke von Hans-Christoph Steinhausen, namentlich „Seelische Störungen im Kindes- und Jugendalter"[1] (2004) und „Psychische Störungen bei Kindern und Jugendlichen"[2] (2006), und einige wenige Internetseiten[3].

2. Hauptteil[4]

Bereits im Kindes- und Jugendalter sind psychische Störungen häufig und können die betroffenen Heranwachsenden in ihrer weiteren Entwicklung und Sozialisation sehr stark beeinträchtigen. Oft werden frühe Beschwerden chronisch oder stellen einen wesentlichen Risikofaktor für die Ausprägung von psychischen Störungen im Erwachsenenalter dar. Es gibt viele Probleme im Jugendalter, insbesondere sind zu nennen: Verstöße gegen gesellschaftliche Regeln (dissoziales und delinquentes Verhalten wie zum Beispiel Eigentumsdelikte, Schuleschwänzen usw.), Drogenmissbrauch, schwere Depressivität und Suizidalität, Essstörungen (insbesondere Anorexia Nervosa) und Angststörungen.[5]

Doch worin liegen die Ursachen für die psychischen Störungen und wie kann man sie erkennen?

2.1. Definition

Viele Definitionen über seelische Störungen existieren. Die meisten von diesen laufen auf zwei zentrale Merkmale hinaus: Normabweichung und Beeinträchtigung. Hier ,zum Beispiel, eine Definition von Prof. Dr. Dr. Hans-Christoph Steinhausen aus dem Zentrum für Kinder- und Jugendpsychatrie Zürich:

---

1 Steinhausen, H.-C. (2004): *Seelische Störungen im Kindes- und Jugendalter: erkennen und verstehen*. 2., überarb. und erw. Aufl., Stuttgart: Klett-Cotta
2 Steinhausen, H.-C. (2006): *Psychische Störungen bei Kindern und Jugendlichen: Lehrbuch der Kinder- und Jugendpsychatrie und -psychotherapie; mit 159 Tabellen sowie 65 aktuellen Original-Fragebögen und Skalen*. 6., neu bearb. und erw. Aufl., München [u.a.]: Elsevier, Urban & Fischer
3 http://de.wikipedia.org/wiki/Suizidalit%C3%A4t   13.2.2007
http://www.dgbs.de/suizidalitaet.php   13.2.2007
http://de.wikipedia.org/wiki/Mutismus   13.2.2007
4 Die folgenden Informationen sind aus den beiden literarischen Werken von Steinhausen entnommen. Besonders markante Stellen, wie z.B. Tabellen, sowie die Quellen aus dem Internet, sind mit Seitenangabe versehen.
5 Entnommen aus Ihrem Seminar vom 16.1.2007

Eine seelische Störung liegt vor, wenn das Verhalten und/oder das Erleben des Kindes und Jugendlichen bei Berücksichtigung seines Altersstandes

1. nicht normal ist (z.b. hinsichtlich Alter, Geschlecht, Erwartungen der Gesellschaft, Art und Ausmaß der Störungen)
und/oder
2. zu einer Beeinträchtigung führt (z.b. durch persönliche Leiden, soziale Einengung, Behinderung der Entwicklung, Auswirkung auf Dritte).[6]

Auch in dieser Definition finden wir die beiden Merkmale wieder und sie werden mit stichwortartigen Hinweisen in den Klammer begründet.

2.2. Ursachen

Ursachen, die zur Entwicklung der einzelnen seelischen Störungen bei Kindern und Jugendlichen beitragen können, sind nicht immer gleich und es ist nicht immer nur eine. Sie stehen in Wechselwirkung zueinander. Bedeutsam sind:

a) biologische Bedingungen (wie Erblichkeit, angeborene Ausstattung und körperliche Faktoren)

b) psychosoziale Faktoren (wie die Person des Kindes, Familie, Schule und Gleichaltrige)

c) soziokulturelle Faktoren (wie die soziale Schicht und äußere Lebensbedingungen)

d) Lebensereignisse und situative Risikofaktoren (wie aktuelle Umstände).

Bei den biologischen Faktoren gibt es zunächst als Bedingung den erblichen Faktor. Dies können bestimmte Formen geistiger Behinderung (z.B. Down-Syndrom) oder andere Störungen mit erblichen Anteilen (z.B. Schizophrenien) sein. Weiterhin spielen konstitutionelle, also angeborene Elemente eine Rolle. Hierbei ist das Geschlecht (Jungen sind empfänglicher für Krankheiten) und das Temperament (z.B. Verhaltensstil) zu beachten. Auch körperliche Faktoren wie z.b. Schädigungen oder Funktionsstörungen des Gehirns und körperliche Erkrankungen erhöhen das Risiko für seelische Störungen.

Psychosoziale Faktoren betreffen zum einen die Person des Kindes, z.B. seine Erfahrungen und Auseinandersetzung mit Belastungen, und zum anderen die Familie. Hier spielt das Versagen im Erziehungsverhalten eine wichtige Rolle. Einmischung, Überfürsorglichkeit oder Vernachlässigung können zu seelischen Störungen bei Kindern und Jugendlichen führen. In der Schule sind das Ausmaß an Lob und Unterstützung und das Vorbildverhalten des Lehrers ausschlaggebend sowie die Übertragung von Verantwortlichkeit auf den Schüler und die Betonung von Leistung. Gleichaltrige beeinflussen den Kleidungsstil, Vorlieben und Hobbys, Werthaltungen und Einstellungen. Dies kann zu dissozialen Aktivitäten führen.

Bei den soziokulturellen Faktoren wirkt die soziale Schicht mit ein. Aggressivität und dissoziale Störungen treten gehäuft in der Unterschicht auf. Hier gibt es zumeist eine niedrigere Intelligenz und schlechte Schulbildung, und es kommt nur zu verspäteter oder gar keiner Hilfe bei Störungen. Auch belastende Lebensumstände wie familiäre Disharmonie und schlechte wirtschaftliche

---

6   Steinhausen, H.-C. (2004): *Seelische Störungen im Kindes- und Jugendalter* (Seite 13)

Verhältnisse sind zu nennen. Im Bereich der Ökologie wurde festgestellt, dass Verhaltensauffälligkeiten in den Städten größer sind als auf dem Land. Hier kommt es zu einer Häufung und Kette von bereits genannten Risikofaktoren. Einwanderer kämpfen mit der Veränderung sozialer Gewohnheiten und Bedingungen. Sie stehen oft im Konflikt zwischen zwei Kulturen, haben Verständigungsprobleme und leben mit sozialer Ausgrenzung. Dies ist der Faktor der fremden Kulturen, welcher immer wichtiger wird, da mehr und mehr Menschen aus dem Ausland stammen. Als letztes sind die Bedingung der aktuellen Umstände und Merkmale der Situation zu nennen. Verlust einer wichtigen Bezugsperson, der Tod eines geliebten Haustiers, das Versagen in der Schule oder die Beendigung einer Freundschaft können Ursachen für psychische Störungen sein.

2.3. Altersspezifische Manifestation psychischer Störungen

Die Vielfältigkeit der psychischen Störungen des Kindes- und Jugendalters lässt sich laut Steinhausen in Abhängigkeit vom Alter bei der Manifestation und dem Verlaufstypus schwerpunktmäßig in fünf Gruppen teilen:

Bei der ersten Gruppe der *kindheitsspezifischen und vornehmlich remittierenden Störungen* gibt es für die Betroffenen eine gute Chance, die Störung aufgrund normaler Reifungs- und Entwicklungsprozesse in Verbindung mit einfachen Interventionen in kürzerer Zeit zu überwinden. Beispiele für diese Gruppe sind Sprachentwicklungsstörungen (Artikulationsstörungen), Ausscheidungsstörungen (Enuresis, Enkopresis) und kindheitsspezifische Phobien und Angststörungen (Trennungsangst).

Die zweite Gruppe sind die *früh beginnenden und vornehmlich persistierenden Entwicklungsstörungen*. Dies sind längerfristige Beeinträchtigungen und die betroffenen Menschen benötigen in der Kindheit sowie als Erwachsene psychosoziale Hilfe. Spezifische Lernstörungen (Dyslexie, Dyskalkulie), (schwergradige) expressive und rezeptive Sprachstörungen sowie geistige Behinderungen gehören zu dieser Gruppe.

Bei den *Störungen mit spezifischem Beginn in Kindheit und Jugend* als dritte Gruppe kommt es zu Remissionen oder Chronifizierungen. Hierzu gehören u.a. Störungen des Sozialverhaltens (früh beginnende Form, adoleszentär begrenzte Form), Tic- und Essstörungen.

Weiterhin gibt es die Gruppe der *Störungen mit Beginn in der Jugend (Kindheit) und Kontinuität in das Erwachsenenalter* (z.B. Schizophrenien, Angststörungen (generalisierte Angststörung, Agrophobie und Panikattacken) und als fünfte die Gruppe der *altersunspezifischen Manifestationen psychischer Störungen*. Hier erfolgen Reaktionen auf belastende Lebensereignisse und Traumatisierungen. Beispiele sind u.a. akute und posttraumatische Belastungsstörungen und Anpassungsstörungen.

2.4. ausgewählte Beispiele

2.4.1. Angststörungen

Angststörungen sind typische seelische Probleme im Jugendalter. Sie sind Kern für vielfältige psychische Störungen und treten meist in Verbindung mit anderen Störungen auf. Steinhausen unterscheidet zwischen zwei Typen. Sie sind entweder ein nicht mehr normales Ausmaß diffuser, auf vielfältige Inhalte bezogene Ängste (Furchtängste) oder Phobien. Dies sind Ängste, die durch im Allgemeinen ungefährliche Situationen oder Gegenstände hervorgerufen werden. Sie zeigen sich durch ein Versagen der Bewältigung einer Belastung oder Drohung. Um normale Furcht und Angst von klinisch bedeutsamen Ängsten zu unterscheiden, sind Letztere gekennzeichnet dadurch, dass sie:

1. nicht vorübergehend sind
2. für die Entwicklungsphase unangemessen sind
3. mit starken und anhaltenden Beeinträchtigungen verbunden sind
4. die normale Entwicklung beeinträchtigen
5. Probleme im sozialen Umfeld auslösen.[7]

Es gibt verschiedene Angststörungen. Zum Beispiel die *Agrophobie* ist die Angst vor offenen Plätzen und davor, sich unter Menschen zu begeben, sei es in Geschäften oder Verkehrsmitteln. *Soziale Phobien* sind Ängste vor prüfender Betrachtung durch andere Menschen in kleinen, überschaubaren Gruppen, und *spezifische (isolierte) Phobien* sind Ängste vor bestimmten Tieren (Tierphobie), der Höhe (auch Akrophobie genannt), Naturereignissen, Reisen im Flugzeug, geschlossenen Räumen oder Aufzügen (auch Klaustrophobie genannt), die Aufnahme bestimmter Nahrung, Krankheiten, Zahnarztbesuchen usw..

Weiterhin gibt es auch *Panikstörungen*. Das sind Angstattacken ohne Bezug zu einer bestimmten Situation, mit Herzklopfen, Schwindel, Erstickungsgefühlen u.a. körperlichen Zeichen. Sie tritt häufiger ab dem Jugendalter auf und ist charakterisiert durch ihren abrupten Beginn, durch die Dauer von nur einigen Minuten mit einem Höhepunkt nach wenigen Minuten und durch einzelne Episoden mit intensiver Angst oder Unbehagen.

Die *generalisierte Angststörung* ist Angst, die nicht auf eine bestimmte Situation beschränkt ist, sondern ungebunden. Diese Form der Angststörung tritt in der späten Kindheit, aber hauptsächlich in der Adoleszenz auf. Sie ist gekennzeichnet durch Vermeidungsverhalten, geringes Selbstvertrauen, ein negatives Selbstbild und ein starkes Bedürfnis nach Anerkennung und Rückmeldung. Die Symptome sind Unruhe, Kopfschmerzen, Verspannung, Schlafstörungen und Müdigkeit.

Die *emotionale Störung mit Trennungsangst* ist die eingegrenzte, übermäßige Angst vor der Trennung von zentralen Bezugspersonen, besonders der Mutter. Diese treten bei

---

7   Steinhausen, H.-C. (2006): *Psychische Störungen bei Kindern und Jugendlichen* (Seite 171)

Entwicklungsübergängen, wie Eintritt in den Kindergarten oder die Schule, und eher selten in der Jugend auf. Sie entwickelt sich zumeist unerwartet und abrupt bei unauffälligen Kindern. Kinder mit Trennungsangst vermeiden oft die Schule. Dies nennt sich dann *Schulphobie*. Die Angst ist also nicht auf die Schule gerichtet. Dies wird dann Schulangst genannt.

Und als letztes nennt Steinhausen die *Störung mit sozialer Ängstlichkeit*. Sie ist die Furcht vor Fremden. Dieses Vermeidungsverhalten äußert sich auch als eine ausgeprägte Hemmung, in sozialen Situation zu sprechen, und zeigt somit fließende Übergänge zum Bild des *Mutismus*. Dieser ist ein Extremfall und eine „Kommunikationsstörung. Es ist das beharrliche, angstbedingte Schweigen eines Menschen, welches sich im Laufe der Zeit verstärkt und schließlich kaum noch willentlich gesteuert werden kann, wobei keine Defekte der Sprachorgane und des Gehörs vorliegen."[8] Störungen mit sozialer Ängstlichkeit der Kindheit entsprechen der *Sozialphobie* im Jugend- und Erwachsenenalter. Sie ist laut ICD-10[9] entweder:

– Deutliche Furcht, im Zentrum der Aufmerksamkeit zu stehen oder sich peinlich oder erniedrigend zu verhalten.

oder:

– Deutliche Vermeidung, im Zentrum der Aufmerksamkeit zu stehen oder vor Situationen, in denen die Angst besteht, sich peinlich oder erniedrigend zu verhalten.

Eine Tabelle in Steinhausen 2006[10] zeigt, welche Angststörungen sich wann und warum entwickeln. Dort kann man sehen, dass sich Trennungsangst und spezifische Phobien vor Dunkelheit, Monstern usw. im Alter von zwei bis vier Jahren und spezifische Phobien vor Tieren, Blut und medizinischen Eingriffen im Alter von fünf bis sieben Jahren entwickeln. Viel interessanter für uns ist, dass sich Leistungsangst im Alter zwischen acht und elf Jahren entwickelt, und soziale Phobien, Agoraphobie und Panikstörungen im Alter von 12 bis 18 Jahren entstehen.

Angststörungen haben die höchste Rückbildungstendenz und nehmen im Jugendalter deutlich ab. Jedoch sind Mädchen ab dem Jugendalter häufiger betroffen als Jungen.

2.4.2. Suizidalität

Suizidalität umfasst alle Gedanken, Phantasien, Impulse und Handlungen, die darauf zielen, den eigenen Tod herbeizuführen.[11]

Es ist zu unterscheiden zwischen Selbsttötungs-(Suizid-)Versuchen und Selbsttötung (Suizid). Suizidversuche sind Handlungen, die dem Ziel dienen, das eigene Leben zu beenden. Die Anzahl von Suizidversuchen hat seit den 60er Jahren sehr stark zu genommen. Gründe dafür können u.a. die Verfügbarkeit von Drogen u.a. Substanzen und der zunehmende gesellschaftliche Druck auf die

---

8 http://de.wikipedia.org/wiki/Mutismus   13.2.2007
9 Steinhausen, H.-C. (2006): *Psychische Störungen bei Kindern und Jugendlichen* (Seite 179)
10 Steinhausen, H.-C. (2006): *Psychische Störungen bei Kindern und Jugendlichen* (Seite 172)
11 http://de.wikipedia.org/wiki/Suizidalit%C3%A4t   13.2.2007

Jugendlichen sein. Suizidversuche stehen oft in Zusammenhang mit Angststörungen, affektiven Störungen, Belastungs- und Anpassungsreaktionen, Persönlichkeitsstörungen sowie Störungen des Sozialverhaltens und Substanzmissbrauch. Ernsthafte Suizidabsichten haben folgende Merkmale:

3. der Suizidversuch wurde in Isolation ausgeführt

4. der Zeitpunkt macht eine Entdeckung und Intervention unwahrscheinlich

5. es wurden Vorsorgemaßnahmen gegenüber einer Entdeckung getroffen

6. es wurden Vorbereitungen in Vorausschau auf den Tod ergriffen

7. es wurden Dritte vorher über die Absicht informiert

8. ausgeprägte Vorsätzlichkeit

9. hinterlegte Nachricht

10. ausbleibende Alarmierung Dritter nach dem Suizidversuch.[12]

Das Jugendalter ist der Lebensabschnitt mit der höchsten Rate an Selbsttötungsversuchen. Die am häufigsten eingesetze Methode ist die Selbstvergiftung (auch Intoxikation genannt). Vor allem bei Mädchen ist dies eine beliebte Methode. Jungen setzen häufiger gegen sich selbst gerichtete aggressive Handlungen ein, wie z.b. Erhängen, Springen aus großen Höhen, Erschießen, Ertränken, Sprung vor Verkehrsmittel, usw.. Es gibt drei Gruppen von Selbsttötungsversuchen. Die erste Gruppe nennt Steinhausen *akut*. Hier gibt es Probleme erst seit kurzem und keine zusätzlichen Verhaltensauffälligkeiten. Die zweite Gruppe wird *chronisch* genannt. Probleme gibt es seit längerer Zeit (mindestens einen Monat) und es gibt keine zusätzlichen Verhaltensauffälligkeiten. Die letzte Gruppe ist: *chronisch mit seelischen Störungen und Verhaltensauffälligkeiten*. Seit einem Monat oder länger bestehen Probleme, die zum Selbsttötungsversuch geführt haben. Außerdem gab es Verhaltensauffälligkeiten in der unmittelbaren Vergangenheit z.B. Depressionen, Stehlen usw.. Diese Form von Störung tritt häufig ab 12 Jahren auf. Mädchen sind sehr viel häufiger betroffen als Jungen.

Ursachen gibt es viele. Zum einen gibt es die Hintergrundfaktoren. Gestörte Familienverhältnisse, wie Tod der Eltern, Scheidung oder Trennung, psychische Störungen und Suizidhandlungen der Familie sowie Kindesmisshandlung können zu Selbsttötungsversuchen führen. Probleme und Auslöser können Konflikte mit dem gegengeschlechtlichen Elternteil, Probleme in der Schule, zumeist schlechte Schulleistungen, Beziehungsstörungen zu Lehrern und Mitschülern sowie der Wunsch, die Schule vorzeitig zu beenden, oder Stress mit Freunden sein. Motive sind oft Hoffnungslosigkeit, Verärgerung, Verlassensein, Angst vor der Zukunft, usw..

Die Therapie ist abhängig von der Zuordnung in die drei genannten Gruppen. Bei Jugendlichen der ersten Gruppe mit akuten Problemen lösen sich die Probleme oft von selbst, hingegen bei der zweiten Gruppe mit chronischen Problemen ist eine aktive Therapie nötig. In der dritten Gruppe

---

12 Steinhausen, H.-C. (2006): *Psychische Störungen bei Kindern und Jugendlichen* (Seite 160)

ist eine weiterreichende Versorgung erforderlich, da hier meist chronische Verhaltensauffälligkeiten mit oft dissozialen Anteilen vorliegen.

Das Wiederholungsrisiko liegt bei Jugendlichen sehr hoch mit rund 45%. Langzeitstudien zeigen, dass einige Jugendliche dann ihren Suizid vollenden. Hierbei werden hauptsächlich die härteren Methoden wie Erhängen und Erschießen eingesetzt.

Laut einer Quelle[13] im Internet nehmen sich pro Jahr rund 12.000 Menschen in Deutschland das Leben. Es wird betont, dass die Dunkelziffer wahrscheinlich sehr viel höher liegt. Demnach ist diese Zahl größer als die der jährlichen Verkehrstoten. Suizid steht in der Altersgruppe der 15- bis 35jährigen nach den Unfällen an zweiter Stelle aller Todesursachen. Die Zahl der Suizidversuche aber liegt in etwa um das 10- bis 15fache höher als die der vollendeten Suizide.

2.4.3. depressive Störungen

Diese Form psychischer Störungen gehört zu den emotionalen Störungen. Infolge von Enttäuschungen oder Verlusten einer geliebten Person bekommen Menschen depressive Gefühle. Aber eine depressive Störung ist mehr. Je nach Dauer, Schweregrad und anderen Symptomen werden verschiedene Stufen unterschieden:

Die erste Unterform ist die *depressive Episode*. Ihr gehen mindestens zwei Wochen depressiver Verstimmung in Kombination mit Interessenverlust, Freudlosigkeit und erhöhter Ermüdbarkeit voraus. Je nach Schweregrad gibt es drei Formen: leicht, mittel und schwer. Chronische depressive Verstimmungen sind eine zweite Form depressiver Störungen und werden *Dysthymie* genannt. Diese Störung existiert mehrere Jahre. Die dritte Grundform sind kurze oder längere *depressive Reaktionen* auf belastende Lebensereignisse. Sie sind vorübergehend.

Depressionen können in Verbindung mit anderen seelischen Störungen wie Angst, Zwangsstörungen oder gestörtem Sozialverhalten auftreten. Bei Jugendlichen kommt es oft zu Todeswünschen und -vorstellungen. Zeichen depressiver Störungen ab dem Jugendalter sind:

- depressive Stimmung (gelegentlich auch gereizt-mürrische Stimmung)
- Interessenverlust und Freudlosigkeit
- Selbstentwertung und Schuldgefühle
- Selbsttötungsgedanken und -vorstellungen
- Energieverlust
- Schulleistungsstörungen
- sozialer Rückzug
- Reizbarkeit (gelegentlich auch Aggressivität)
- körperliche Beschwerden
- verlangsamte Bewegungsabläufe (gelegentlich auch Bewegungsunruhe)

---

13 http://www.dgbs.de/suizidalitaet.php   13.2.2007

- Verarmung des Ausdrucks
- Schlafstörungen
- Appetitverlust
- Tagesschwankungen der Stimmung.[14]

Die Ursachen für Depressionen können biologischer oder psychosozialer Natur sein. Die biologischen Faktoren betreffen das Zusammenspiel von Nervensystem und Hormonen, Störungen der biochemischen Botenträgersubstanzen und erbliche Faktoren. Bei den psychosozialen Faktoren spielen Verlust- und Trennungserfahrungen, frühkindliche Bindungsstörungen und fehlende soziale Fertigkeiten eine große Rolle.

Bei der Behandlung depressiver Störungen des Kindes- und Jugendalters erfolgt eine Zweiteilung in eine schwere Form mit schweren depressiven Episoden und eine leichte Form, zu der die leichten depressiven Episoden, die Dysthymie und die depressiven Reaktionen zählen. Für die schwere Form gibt es zumeist eine stationäre Behandlung mit stützender Zuwendung. Nach der Besserung der Symptome erfolgt eine Psychotherapie. Bei der leichten Form wird mit Einzeltherapie, Familienberatung und Aktivierung in der Schule und der sozialen Umwelt behandelt. Bei ganz schweren Formen der Depression werden Antidepressiva eingesetzt.

2.4.4. Dissozialität

Diese Form der psychischen Störungen wird auch *Störung des Sozialverhaltens* genannt und äußert sich durch aggressives oder aufsässiges Verhalten, das wiederholt und andauernd auftritt. Mit ihnen werden altersgemäße Normen, Regeln und/oder Rechte anderer beeinträchtigt.

Es gibt vier Formen der Dissozialität. Die erste ist die *auf den familiären Rahmen beschränkte Störung des Sozialverhaltens*. Das aggressive Verhalten ist auf die Familie beschränkt, und die Symptome sind nicht nur eine Störung der Eltern-Kind-Beziehung sondern auch Beschädigung des Besitzes einzelner Familienmitglieder, Stehlen zu Hause, Gewaltanwendung gegen Familienmitglieder oder Feuerlegen. Die Beziehungen der Betroffenen sind hierbei außerhalb der Familie normal.

Eine zweite Form ist die *Störung des Sozialverhaltens bei fehlenden sozialen Bedingungen*. Es fehlt jegliche Einbindung des betroffenen Kindes oder Jugendlichen in die Gruppe der Gleichaltrigen. Sie sind unbeliebt und isoliert. Die Aggressivität äußert sich in Tyrannisierungen, Streiten, Erpressung, Ungehorsam, Zerstörungsneigung und Grausamkeit.

Bei der dritten handelt es sich um eine *Störung des Sozialverhaltens bei vorhandenen sozialen Bedingungen*. Die Symptome sind ähnlich wie die bei der zweiten Form, jedoch bestehen Beziehungen und Freundschaften zu einer Gruppe von Gleichaltrigen mit meist gleichen Verhaltensauffälligkeiten.

---

14   Steinhausen, H.-C. (2004): *Seelische Störungen im Kindes- und Jugendalter* (Seite 111)

8

Die letzte Form, *Störung des Sozialverhaltens mit oppositionellem aufsässigem Verhalten*, tritt eher bei Kindern auf und diese zeigen keine aggressiven Handlungen.

Diese Differenzierung der ICD-10 hat das Kriterium der sozialen Bindung als Grundlage und trifft eher auf Kinder zu. Steinhausen hält diese für nicht ausreichend und unterscheidet zwischen zwei Dimensionen gestörten Sozialverhaltens. Zum einen nennt er Symptome des Ungehorsams und Widerstandes gegenüber Personen im Sinne eines *offenen Verhaltens*. Dies äußert sich in Schreien, Schlagen und Hänseln. Das üblicherweise schwer erziehbare Schulkind zeigt anhaltend Wutausbrüche, schlechte Schulleistungen, Probleme im Umgang mit Gleichaltrigen, hat Konflikte mit Geschwistern, Eltern und Lehrern. Zum anderen nennt er *verdeckte Verhaltensweisen* mit Regel- und Eigentumsverletzungen, wie Schulschwänzen, Diebstahl kleinerer Gegenstände, welche das Kind schon besitzt oder auch regulär bekommen könnte, Lügen ohne jeglichen offensichtlichen Gewinn, Zerstörung und Mangel an Unrechtsbewusstsein oder Schuldgefühlen.

Jugendspezifische Störungen des Sozialverhaltens haben den Begriff Delinquenz als Mittelpunkt. Hierbei handelt es sich um dissoziale Handlungen, die von Kontrollinstanzen verfolgt werden, es muss aber keine gesetzliche Strafandrohung vorliegen. Liegt jedoch eine Strafverfolgung durch die Jugendgerichte vor, handelt es sich meistens um Einbruch, Raub, Todschlag, Drogenmissbrauch u.a.. Die Chance, eine dissoziale Handlung zu begehen, liegt bei Jugendlichen aus sozial schwachen Familien mit niedrigem Einkommen und Kriminalität bei anderen Familienmitgliedern, Defiziten der Bindung und Erziehung sowie unterdurchschnittlicher Intelligenz am höchsten.

Dissoziales Verhalten kann zu Persönlichkeitsstörungen führen, die sich durch Aggressivität, Alkohol- und Drogenmissbrauch, fehlende Arbeitsbindung, Schuleschwänzen, Verkehrsdelikten usw. bei älteren, wiederholt auffällig gewordenen Jugendlichen äußert. Dies ist ein Ausdruck von Problemen, wie der Suche nach Bewunderung und Aufmerksamkeit. Aber auch biologische Risikofaktoren und komorbide Störungen sind ausschlaggebend. Zu den letzt genannten gehören Hyperaktivität und Aufmerksamkeitsdefizite.

Die Häufigkeit dieser Störung liegt bei Jugendlichen bei sechs bis 12% der Allgemeinbevölkerung. Jungen sind zweimal häufiger betroffen als Mädchen. Das Risiko steigt, wenn psychosoziale Faktoren mit einwirken. Es erfolgt eine Remission im Übergang vom Jugend- zum Erwachsenenalter, jedoch entwickeln viele Jungen eine dissoziale Persönlichkeitsstörung und Mädchen eher depressive Störungen und Angststörungen. Dissozialität tritt zumeist zusammen mit emotionalen und hyperkinetischen Störungen auf.

Für die Behandlung gibt es viele allgemeine Ziele:

– eine Verbesserung der Beziehungsfähigkeit und der sozialen Fertigkeiten einschließlich der Bewältigung von Konflikten

– eine Entwicklung in Richtung auf ein realistisches und angemessenes Selbstkonzept

– die Erarbeitung von Problemlösungsfertigkeiten

- die Bearbeitung von Bildungs- und Ausbildungsdefiziten
- die Ablösung von dissozialen Gruppen und die Integration in Gruppen mit konformem Verhalten
- die Entwicklung von Neuorientierung und Gewissen.[15]

Um diese Ziele zu erreichen, reicht eine Behandlungsmethode nicht aus. Es werden daher psychologisch-pädagogische Behandlungsprogramme mit Formen der Sozialarbeit, der Millieutherapie und der Gruppenarbeit kombiniert. Auch familienorientierte Verhaltenstherapie mit Elterntraining, wobei es um eine grundlegende Änderung des fehlangepassten elterlichen Erziehungsverhalten geht, wird eingesetzt. Bei akuten und chronischen Fällen werden häufig Psychopharmaka eingesetzt.

3. Schluss

Es gibt viele psychische Störungen im Kindes- und Jugendalter und viel über dieses Thema zu erfahren. Diese Verschriftlichung von meinem Referat zeigt nur einen kurzen Abriss darüber und gibt nur eine kleine Auswahl von den vielen existierenden Störungen. Auch viele Bücher kann man zu dem Thema finden. Ich habe mich für H.-C. Steinhausen´s Werke entschieden, da er in *Seelische Störungen im Kindes- und Jugendalter: erkennen und verstehen* (2004) im *Allgemeinen Teil* eine sehr verständliche und gut überschaubare Einführung mit allgemeinen Informationen gibt gefolgt von einem Überblick über die 27 wichtigsten Störungen im *Speziellen Teil*. Die verschafften Grundinformationen konnte ich dann mit umfangreicherem Wissen aus seinem Buch *Psychische Störungen bei Kindern und Jugendlichen: Lehrbuch der Kinder- und Jugendpsychatrie und -psychotherapie* (2006) erweitern. Es war mir auch wichtig, eine Quelle mit einem aktuellem Wissensstand zu benutzen.

Eine Abgrenzung von Störungen im Kindesalter von denen im Jugendalter ist nicht sehr leicht. Deshalb behandelt Steinhausen diese in Kombination. Ich habe mir Angststörung, depressive Störung, Dissozialität und Suizidalität ausgewählt, weil ich denke, dass dies die mit am typischsten seelischen Störungen im Jugendalter sind.

Dieses Thema finde ich sehr interessant. Deshalb finde ich es um so besser, dass das Referat dazu beigetragen hat, dass ich seelische Störungen bei Jugendlichen besser verstehen kann. Dies wird mir eine große Hilfe in meinem zukünftigen Beruf als Lehrerin sein, da Lehrer einen großen Anteil bei der Entdeckung von möglichen psychischen Störungen haben. Mein Blickwinkel hat sich durch die Fachinformationen aus diesem Bereich erweitern können.

---

15 Steinhausen, H.-C. (2006): *Psychische Störungen bei Kindern und Jugendlichen* (Seite 291)

4. Literaturverzeichnis

Literatur

Steinhausen, H.-C. (2004): *Seelische Störungen im Kindes- und Jugendalter: erkennen und verstehen*. 2., überarb. und erw. Aufl., Stuttgart: Klett-Cotta

Steinhausen, H.-C. (2006): *Psychische Störungen bei Kindern und Jugendlichen: Lehrbuch der Kinder- und Jugendpsychatrie und -psychotherapie; mit 159 Tabellen sowie 65 aktuellen Original-Fragebögen und Skalen*. 6., neu bearb. und erw. Aufl., München [u.a.]: Elsevier, Urban & Fischer

Internet

http://de.wikipedia.org/wiki/Mutismus   13.2.2007

http://de.wikipedia.org/wiki/Suizidalit%C3%A4t   13.2.2007

http://www.dgbs.de/suizidalitaet.php   13.2.2007